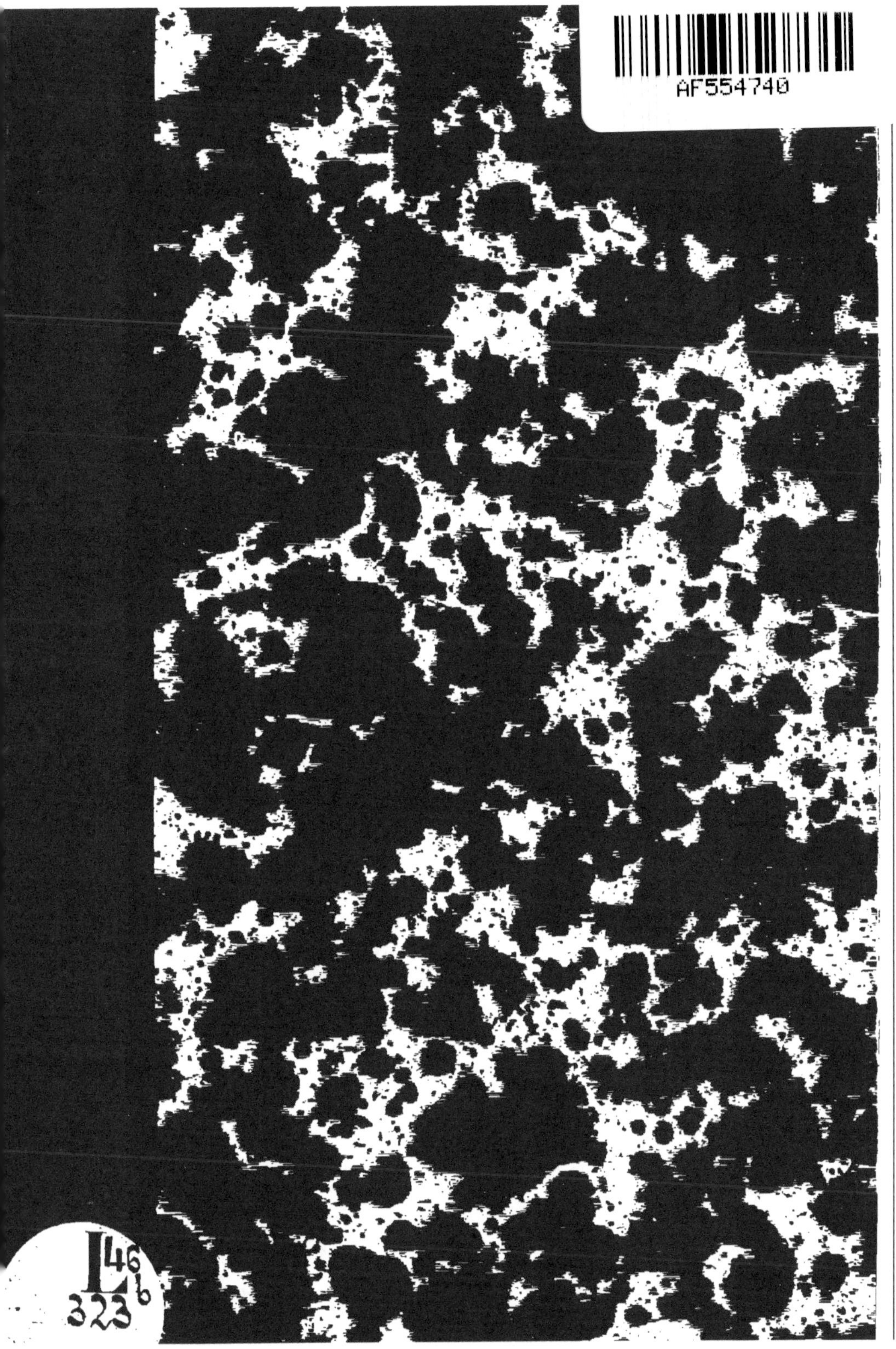

RÉPONSE
AU MÉMOIRE
DE M. CARNOT,

PAR A. M. FLEURY.

> Quand votre robe d'iniquité serait plus
> rouge que l'écarlate, vous voudriez
> la rendre plus blanche que la neige.
>
> ISAÏE.

A PARIS,

CHEZ PATRIS, IMPRIMEUR-LIBRAIRE,
RUE DE LA COLOMBE, N°. 4, EN LA CITÉ.

Juin 1815.

AU PALAIS ROYAL,
CHEZ TOUS LES MARCHANDS DE NOUVEAUTÉS.

RÉPONSE
AU MÉMOIRE
DE M. CARNOT.

QUAND des libraires avides firent paraître le Mémoire inconvenant, adressé au Roi par M. Carnot, l'espèce de désaveu qu'il en fit, en déclarant, par la voie des journaux, qu'il avait été imprimé sans sa participation, était une rétractation suffisante pour dispenser d'y répondre. Le combat eût été inégal et indigne d'un homme d'honneur : mais aujourd'hui que M. Carnot est ministre, et que ses opinions pourraient acquérir quelque consistance ; aujourd'hui que son Mémoire a été distribué à un nombre tellement multiplié, et à un prix si modique, que la classe la plus indigente a pu se le procurer, je regarde comme important de discuter les principaux faits qu'il avance.

D'abord, pour rendre bien intelligible la

définition de l'état social que présente M. Carnot; je crois devoir l'expliquer ainsi :

L'état social se compose (dans une monarchie), du souverain revêtu par les membres de la société de pouvoirs suffisants pour les gouverner, et pour maintenir le respect dû à leurs personnes et à leurs propriétés, puis de sujets qui lui ont juré obéissance. Mais, quelque doux que soit le gouvernement, il y a toujours parmi les membres de cette société une foule d'intrigants qui, n'ayant rien, veulent acquérir des biens et des honneurs. Cette classe qui nourrit perpétuellement le désir de se soustraire à toute domination, pour s'emparer elle-même du pouvoir, ne cherche, pour parvenir à son but, qu'à fomenter des troubles et exciter des révolutions. Le souverain à qui la conservation de la société est confiée, se trouve contraint d'employer sa puissance pour contenir les factieux dans le devoir ; alors ils crient au despotisme, attaquent le souverain, se constituent les défenseurs du peuple, et prêchent l'égalité! à peine le succès aura-t-il couronné leur attentat, à peine se seront-ils emparés de l'autorité, vous les verrez changer de langage, devenir ennemis acharnés de cette égalité dont ils étaient les plus fervents apôtres, et se servir du pouvoir qu'ils auront usurpé pour opprimer ce même peuple dont ils ont tant prôné les droits!

Je n'irai pas chercher bien loin dans l'histoire pour prouver ce que j'avance; la révolution française en fournit une foule d'exemples.

Les coryphées de cette révolution, les grands patriotes qui n'avaient rien à perdre, ont commencé par crier : *Guerre aux châteaux, paix aux chaumières*; à ce cri, les gens qui, de même qu'eux, ne possédaient rien, se sont ralliés, et ont pillé et brûlé les châteaux! Les propriétaires, pour ne pas devenir eux-mêmes victimes de la fureur de ces insensés, ont émigré; les nouveaux venus se sont emparés de leurs propriétés, et quand ils ont été gorgés de richesses, ils en sont revenus aux véritables principes, *le respect des propriétés;* celles qu'ils s'étaient appropriées leur sont devenues tellement précieuses que, pour les conserver, ils déclareraient la guerre aux chaumières, si les laboureurs ne venaient *avec leurs enfants défendre les châteaux de ces nouveaux parvenus.* Il est bien peu de chefs de la révolution qui seraient en état de prouver que leurs fortunes soient légitimement acquises, et comment ils sont devenus grands propriétaires de prolétaires (1) qu'ils étaient.

Relativement à l'imputation du crime qui, selon M. Carnot, sera faite aux amis *prétendus* de la liberté, par cela seul qu'ils succombent, je répondrai qu'aucuns crimes ne leur seront imputés qu'en leur reprochant seulement, comme on l'a toujours fait, ceux qu'ils ont commis ou fait commettre, il y en aura bien assez sur leur compte.

M. Carnot touche ensuite une corde délicate (la mort du Roi), question que la discussion pourrait faire tourner à sa honte.

Il prétend que ce ne sont pas ceux qui ont voté la mort du Roi qui sont les *régicides*, mais bien les émigrés; et il se sert de la comparaison triviale des filoux qui crient *au voleur* pour échapper aux recherches, comparaison qui peut être rétorquée contre lui-même avec beaucoup plus de justice (2).

---

(1) On appelait à Rome *prolétaire* l'habitant qui ne possédait rien. Il était exempt du service militaire. Marius fut le premier qui incorpora les *prolétaires* dans ses troupes, et on connaît les excès auxquels il se livra.

(2) « Le récit de ses fautes est pénible : on veut les couvrir et en charger quelqu'autre. »

LABRUYÈRE, chap. II.

Comment, M. Carnot, vous prétendez que ceux qui ont versé leur sang pour leur Roi, qui auraient donné leur vie pour conserver la sienne, sont les auteurs de sa mort ! Ah ! Monsieur, il n'y a pas là de générosité, *suum cuique*. Revendiquez la portion ou d'opprobre ou d'honneur qui vous appartient dans la condamnation de Louis XVI, mais ne cherchez pas à flétrir l'honneur de preux chevaliers, pour lesquels ce reproche calomnieux est le plus sanglant outrage.

Vous ajoutez :

« *Ceux qui ont voté la mort* du Roi l'ont
» votée comme *juges* constitués par la nation,
» qui ne doivent compte à personne de leur
» jugement, s'ils se sont trompés ; ils sont
» dans le cas des autres juges qui se trom-
» pent ; ils se sont trompés avec la nation en-
» tière qui a provoqué le jugement, qui en-
» suite y a adhéré par des milliers d'adresses
» venues des communes ; ils se sont trompés
» avec toutes les nations de l'Europe, qui ont
» traité avec eux. »

Il y a dans ce passage autant d'erreurs que de mots.

Jamais la Convention n'a été autorisée à

faire le procès à Louis XVI : on porte le défi à ses membres de représenter aucun mandat du peuple qui les ait constitués pour le juger. Cette vérité a été reconnue par la Convention elle-même ; plusieurs députés ont soutenu que, si on voulait faire le procès au Roi, il fallait en renvoyer la connoissance aux Assemblées primaires, ou solliciter de nouveaux pouvoirs, parce que ceux qui les constituaient n'avaient pas prévu ce cas. Il est donc faux que la nation eût sollicité ce jugement, dans lequel vous avez présenté le hideux tableau d'accusateurs, de juges et d'exécuteurs! Lorsque quelques hommes honnêtes, qui se trouvaient encore dans votre redoutable réunion, vous en firent l'observation, et sollicitèrent de vous l'appel au peuple, vous vous y êtes fortement exposés; vous craigniez avec raison que ce même peuple, sur qui vous voudriez aujourd'hui rejeter la honte de cette injuste condamnation, ne vous ravît votre victime!

Je ne veux que ce refus d'adopter l'appel au peuple pour preuve formelle qu'il n'a aucunement trempé dans cet arrêt sanguinaire : *je vous désavoue pour moi et pour mes concitoyens.* Quant aux adresses d'approbation, personne n'ignore que vous vous en êtes fait faire par milliers ; mais le peuple *n'y prenait aucune part*; vous les faisiez rédiger par la société-mère des JACOBINS, qui les transmettait à ses affiliées pour vous les renvoyer ensuite toutes signées.

Par rapport aux puissances étrangères auxquelles vous voudriez faire partager l'opprobre de cet inique arrêt, parce qu'elles ont traité avec vous, rien n'est plus absurde. Ont-elles jamais confirmé votre affreux jugement dans les traités que nos armes les ont forcées de conclure? Aucun acte émané d'elles fait-il l'apologie de cet exécrable forfait, et leur silence absolu n'en est-il pas, au contraire, la plus formelle réprobation?

M. Carnot dit plus bas :

« Quel point d'appui restait-il à ceux des
» républicains qui, contre leurs propres inté-
» rêts, auraient voulu sauver le roi?.... N'est-
» il pas clair qu'ils se seraient eux-mêmes im-
» molés inutilement avec lui, et qu'ils eussent
» tous été les victimes d'un mouvement po-
» pulaire. »

Si la lâcheté était une excuse, l'espèce d'aveu qu'en fait M. Carnot n'en serait pas même une valable. Ne sait-on pas que les mouvements populaires ne provenaient que des menées de la Convention, qui payait et ameutait les faubourgs?

« Vous exigez des autres (continue M. Car-
» not) une vertu plus qu'humaine, tandis que
» vous donnez l'exemple de la désertion et de
» la félonie. »

Il y a donc une vertu plus qu'humaine à ne pas faire périr l'innocent! Ensuite ce reproche de désertion et de félonie, de la part de M. Carnot, ressemble plutôt à un reproche aux émigrés de n'être pas venus partager le sort de mille et mille victimes, dont la mort n'a été d'aucune utilité au Roi. Les bourreaux étaient insatiables; plus ils versaient de sang, plus ils en étaient altérés!!!

« Le même fait, suivant les circonstances,
» dit encore M. Carnot, est tantôt un crime,
» tantôt un acte d'héroïsme. Catilina n'est
» qu'un vil conspirateur; il eût été le bien-
» faiteur de Rome, si, comme César, il eût pu
» fonder un empire. Cromwel fut reconnu
» jusqu'à sa dernière heure, et sa protection
» recherchée par tous les souverains. Pélopi-
» das, Timoléon, André Doria, furent pro-
» clamés les libérateurs de leur patrie; ils
» n'eussent été que des factieux comme les

» Gracques, s'ils eussent échoué dans leur » entreprise ».

Voilà une morale un peu relâchée! J'avoue que je suis effrayé de voir M. Carnot ministre, si les actions les plus infâmes peuvent lui paraître légitimées par le succès. Heureusement que cette morale n'est pas celle de tous les gouvernements. Je plaindrais le peuple dont le souverain aurait une pareille opinion. Je ne suis plus étonné des crimes de la Convention : le succès les légitimait tous.

Mais cette proposition est fausse. Jamais Catilina n'eût été qu'un vil conspirateur, quand même le succès eût couronné son entreprise ; et l'on ne persuadera jamais à personne que l'incendie de Rome, le massacre de ses principaux citoyens, eût été une action louable, parce que Catilina aurait réussi ; ou eût fléchi, mais en exécrant son joug. Le jugement de la postérité serait le même qu'il est aujourd'hui.

Quant à César, jamais son attentat contre sa patrie n'a été approuvé. On a admiré, il est vrai, son humanité et sa clémence, parce qu'il est rare d'en trouver dans un usurpateur. Pour Cromwell, de ce que des souverains ont contracté alliance avec lui, on n'en peut induire que son crime envers son souverain ait été approuvé d'eux. L'alliance qu'il a contractée avec la France ne l'a été que sous la minorité de Louis XIV, par le cardinal Mazarin, qui voulait se maintenir ministre malgré les efforts de la Fronde pour l'écarter. Si Louis XIV eût été majeur, jamais il n'aurait contracté une telle alliance : sa conduite avec Jacques II, en 1689, en est la preuve la plus complète, la postérité a confirmé le jugement des contemporains sur les crimes du protecteur.

Les Gracques n'ont jamais été regardés comme des factieux ; on les a plaints comme victimes de la puissance du sénat, dont les membres voulaient conserver des terres qui appartenaient au peuple, à qui les Gracques voulaient les faire rendre.

« Le retour des Bourbons produisit en » France (ainsi que l'avoue M. Carnot), un » enthousiasme universel ; ils furent reçus sur » toute leur route avec une effusion de cœur » inexprimable ».

Avec quelle ivresse, en effet, les Parisiens et les habitans des provinces, venus de fort loin pour voir le Roi, furent-ils témoins de son entrée triomphante dans sa capitale ! Notre allégresse était d'autant plus vive, qu'il nous ramenait cette auguste princesse, dont les infortunes avaient tant affligé les bons Français (1). Nous avons tous remarqué, il est vrai, sur la figure de notre digne monarque, cette

---

(1) Qui croirait qu'un journal (le Nain Jaune) se soit permis, relativement aux deux gravures des héroïnes de 1428 et de 1815, d'insulter Madame, duchesse d'Angoulême, et de dénaturer l'histoire? Il a prétendu qu'en mettant en parallèle Jeanne d'Arc et la fille de Louis XVI, on ne pouvait faire une satire plus sanglante de la conduite de cette dernière, parce que, dit-il, Jeanne combattait *pour* son pays, et que Madame combattait *contre*. Eh bien! cette assertion est de toute fausseté; nos deux heroïnes sont absolument dans la même catégorie. Jeanne combattait pour Charles VII, son roi légitime, contre Henri VI, petit-fils par sa mère de Charles VI, lequel avait déshérité son fils, et avait fait sacrer et couronner Roi de France son gendre, qui avait même été reconnu par le peuple de Paris et une grande partie de la France. Jeanne d'Arc se trouva même au siége de Paris, et y fut blessée. Sans doute, les écrivains à la solde de Henri VI l'accusaient aussi de se battre contre sa patrie. Croyez après cela à la sincérité des journalistes! Ils dénaturent tout; les mots pour eux changent de signification. *Opprobre* signifie *honneur*, *fidélité* veut dire *trahison*, etc., etc. Il serait à désirer que quelques personnes studieuses s'occupassent d'un vocabulaire à l'usage des journaux, afin qu'on ne fût plus exposé à d'aussi grossières méprises.

teinte mélancolique, causée par la douleur de ne plus retrouver ce frère chéri, dont il aurait désiré mourir le premier sujet, douleur augmentée par la perte de ses sœurs qu'il avait tant aimées, et de cet aimable enfant, dont la beauté, les grâces et les belles qualités n'avaient pu attendrir les bourreaux chargés de sa garde. Hélas! Nous nous promettions de faire bientôt oublier à cette illustre famille, par nos respects, notre amour et notre fidélité, les longs malheurs qu'elle a soufferts.

Le Roi venait d'entrer dans sa capitale; il nous avait donné la Charte constitutionnelle; deux mois sont à peine écoulés, pendant lesquels il avait déjà cicatrisé une foule de plaies, et M. Carnot fait son Mémoire! Il adresse à son Roi plusieurs reproches qui démontrent le mécontentement qu'il éprouve de ne pas être employé par le nouveau gouvernement; il se plaint de ce que Louis XVIII regardait la couronne de France comme l'héritage de ses pères; « Alors (dit-il), nos cœurs se sont resserrés, » ils se sont tus ». Voilà une censure bien étrange.

Quoi! M. Carnot aurait voulu que le Roi regardât comme légitimes tous les actes de la convention qui avaient décimé la nation française ! Qu'il reconnût la décheance de sa famille comme justement prononcée ! Mais, ç'aurait été une injure gratuite faite au peuple français dont il était si bien accueilli ; puisque, dans ce cas, le Roi aurait supposé que nous avions tous pris part aux crimes de la convention. Il est trop juste pour nous confondre avec les bourreaux de sa famille ; le cœur de M. Carnot a pu *se taire* (peut-être même n'avait-il jamais parlé), mais nullement les cœurs français ; ils sont toujours demeurés, ils demeureront toujours fidèles et devoués au Roi.

M. Carnot trouve mauvais que Louis XVIII ait témoigné au prince régent d'Angleterre sa reconnaissance, et qu'il lui ait attribué, « après la divine providence, son rétablissement sur le trône de ses ancêtres, lorsque ses compatriotes volaient à sa rencontre pour lui décerner la couronne d'un vœu unanime ».

Quelle est donc la fureur de M. Carnot ! Il empoisonne tout ce qu'il touche ; les meilleures intentions deviènent des torts quand il les analyse ! Heureusement qu'il ne faut que le moindre raisonnement pour détruire ce que cette assertion a de faux et de spécieux.

Qui peut nier que l'Angleterre n'ait fortement contribué au rétablissement du Roi sur le trône de ses ancêtres? Qu'elle n'ait prodigué une partie de ses trésors pour une si honorable cause? Le peuple français désirait bien, il est vrai, le retour de ses souverains; il les appelait du fond de son cœur; mais ses vœux ne pouvaient être manifestés sans danger, et il ne pouvait rien entreprendre. Louis a donc dû son retour à l'Angleterre, et comme pour les âmes bien nées la reconnaissance n'est point un fardeau, il a dû témoigner la sienne au prince régent, et à la nation anglaise. Il y a plus, le peuple français partage à cet égard les sentiments de son prince, et nous reconnaissons tous que sans cette généreuse nation, nous n'aurions jamais vu se réaliser nos plus chères espérances.

« Louis (dit encore M. Carnot), avait pro-
» mis l'oubli du passé, il promettait de con-
» server à chacun ses places, ses traitements;
» comment ses conseillers lui ont-ils fait te-
» nir ses promesses? en lui faisant chasser
» du sénat presque tous ceux qui avaient dé-

» veloppé une grande fermeté de caractère,
» et un grand amour de la patrie (1). »

« On a pareillement exclu avec une diligence extrême, des emplois secondaires, » ceux qu'avait pu égarer un amour sincère » de la liberté (2) ». Et il va jusqu'à avancer qu'on les aurait proscrits.

Doucement, M. Carnot ! Ce n'est pas sous le gouvernement des Bourbons, qu'on a connu *les proscriptions* ; il appartenait à la convention seule de nous ramener aux temps *des Marius et des Octave*.

Quant aux membres du sénat que le Roi n'a ni conservés ni dû conserver, il a encore à cet égard l'assentiment de la nation ; car il est le roi du peuple français, et ne doit pas

---

(1) Quels sont donc ces membres si courageux, et comment nous ont-ils prouvé leur amour pour la patrie? Ne seroit-ce pas en donnant un assentiment continuel à tous les actes du Gouvernement impérial ? Dieux ! quel courage !!!

(2) M. Carnot se plaint que l'on a renvoyé des administrations publiques quelques prétendus *patriotes*. Eh ! ne chasse-t-il pas aujourd'hui de ses bureaux tous ceux qu'il suppose attachés aux Bourbons ? Pourquoi donner des conseils que l'on ne voudrait pas suivre ? Ne pourrait-on pas l'accuser de perfidie ?

chercher à plaire à un parti qui depuis vingt-cinq ans ne vit que de révolutions, et n'aspire, ainsi que vous le reconnaissez dans votre écrit, qu'à se soustraire à toute domination, quelque douce et légitime qu'elle soit.

Mais, les militaires qui avaient illustré la patrie, le Roi les a-t-il écartés ? Il les a au contraire comblés d'honneurs et de richesses ; il a revendiqué leur gloire, il a créé deux compagnies des gardes-du-corps, pour en donner le commandement aux maréchaux Berthier et Marmont ; les gouvernements des divisions militaires, ceux des villes, n'avaient été donnés qu'à des généraux employés sous Napoléon ; et depuis, comment plusieurs de ces généraux ont ils répondu à la confiance de leur souverain?

Assurément, Louis XVIII aurait dû, comme Napoléon le fait aujourd'hui, écarter des emplois militaires tous ceux qui manifestaient leur attachement pour leur ancien maître. Il ne l'a pas fait, parce que les grandes âmes ne peuvent croire à la trahison. C'est un reproche qu'on a toujours fait aux Bourbons et qu'on leur fera toujours ; ILS SONT FRANÇAIS, et ne peuvent penser que des Français soient capables de trahir la foi jurée. Voilà leur seule faiblesse, elle nous fait trop d'honneur pour que nous leur en fassions un reproche. Mais, malheureusement, il y a des âmes sur lesquelles les bienfaits ne peuvent rien ; la reconnaissance leur pèse, et ils s'en affranchissent aussitôt qu'ils le peuvent impunément.

Je ne puis me dispenser de rapporter en entier le passage de M. Carnot, sur la distinction entre l'*honneur*, et *les honneurs*, c'est un morceau fini qui a toue mon approbation ; seulement j'en tirerai des conséquences, et ferai des applications pour en prouver la justesse.

» L'*honneur* est le principe de tout ce qui » se fait dans le monde ; *les honneurs*, un » simple signe de la faveur, et plus souvent » la marque de l'intrigue ou d'une vile com» plaisance, que du mérite réel. L'*honneur* » excite une généreuse émulation ; *les hon*» *neurs*, une basse jalousie : ceux-ci rendent » indifférens sur les intérêts du gros de la na» tion dont ils distinguent et isolent celui qui » en est revêtu ; l'*honneur* de chaque citoyen, » au contraire, n'est qu'une émanation, une » portion de l'*honneur national*.

» Tout ce qu'on peut dire de plus favora» ble à ce qu'on nomme *les honneurs*, c'est » qu'ils ne sont pas précisément incompatibles » avec le véritable *honneur* ; mais un homme

» taré, flétri, deshonoré dans l'opinion, peut » réunir sur sa personne tous les titres, toutes » les dignités, toutes les décorations, tous les » honneurs; tandis qu'un homme modeste, » plein de probité, de vertus, de talents, du » véritable honneur enfin, peut n'avoir aucune » de ces distinctions qu'on nomme *les hon-* » *neurs*. *L'honneur* est inhérent à celui qui a » su l'acquérir; on se dépouille des autres en » ôtant son habit ».

Je conviens avec M. Carnot de la vérité de tout ce paragraphe; aussi, c'est parce que dans la révolution on a trop couru après la fortune et les honneurs, que le peuple français a éprouvé tant de maux.

La Convention, en prêchant la liberté et l'égalité, n'accordait pas la première au peuple, et ne voulait aucunement de la seconde. Chaque représentant en mission exigeait dans les villes soumises à sa domination, les honneurs souverains; il n'avait pour y prétendre, ni talents, ni vertus; mais il les exigeait au nom de l'autorité qu'il exerçait, et du peuple Français qu'il prétendait représenter.

N'avons-nous pas vu les membres de la Convention, pour se maintenir dans leurs places, nous faire mitrailler; et peu satisfaits d'avoir vu les rues de la capitale jonchées de cadavres, faire encore traîner à l'échafaud plusieurs de nos concitoyens (1) !

Depuis, ces mêmes représentants ont exploité la nation française, comme une riche mine qui leur appartenait ; les places lucratives étaient refusées au mérite, pour être distribuées entre eux ; le directoire, les ministères, enfin toutes les branches de l'administration, étaient devenues leur patrimoine ; ils ne parlaient plus du bonheur de ce peuple qu'ils avaient flatté lorsqu'ils croyaient en avoir besoin ; cela ne les occupait plus ; ils ne voulaient que conserver leur autorité et les honneurs qui y étaient attachés ; aucun d'eux n'a couru après l'*honneur*, mais bien après *les honneurs* : et parmi cette foule de prétendus républicains, il ne s'en trouve aucun qui, comme Aristide, ait préféré l'honorable médiocrité à l'insolente fortune. Non seulement ils laisseront de quoi *se faire enterrer*, mais ils seront gorgés

---

(1) A l'époque du 13 vendémiaire an 4, l'inhumanité fut portée au point de traîner à l'échafaud un de ces malheureux qui avait voulu se suicider, et qui était percé de coups.

de toutes les richesses de la France. Cependant comment les ont-ils acquises ? Jamais ils n'entreprendront de justifier leur opulence aux yeux de leurs concitoyens.

Ces mêmes hommes n'ont pas manqué une occasion de courir après les *honneurs*, aussitôt qu'ils ne les ont plus dispensés. Ceux qui avaient proscrit les décorations militaires en ont sollicité de toute espèce ; on ne les voyait que chamarrés de rubans de toutes couleurs. Il est vrai qu'avec tous ces ornements ils n'en imposaient à personne ; ils pouvaient *conserver leurs habits ;* on voyait leurs décorations, mais on ne pensait nullement qu'elles fussent le prix de l'*honneur.*

En prenant dans cet écrit la défense des émigrés, je ne puis être taxé d'avoir servi ma propre cause. Non, je n'ai jamais grossi le nombre de ces illustres *vétérans de l'exil et du malheur !* Je suis l'un de ces hommes qui ont traversé la révolution au milieu de toutes ses vicissitudes. Je n'occupai ni ne sollicitai jamais aucune place. J'eus plus d'une fois le bonheur d'arracher quelques victimes aux tyrans révolutionnaires ; et si (ce qu'à Dieu ne plaise !) ces temps désastreux devaient encore désoler ma patrie, je suis prêt, comme alors, au péril de mes jours, à tendre une main secourable aux infortunés que le ciel me présentera.

A. M. FLEURY.

ERRATA.

Page 4, ligne 3, *du crime*, lisez, *de crime*;
Page 6, ligne 18, *exposés*, lisez, *opposés*.

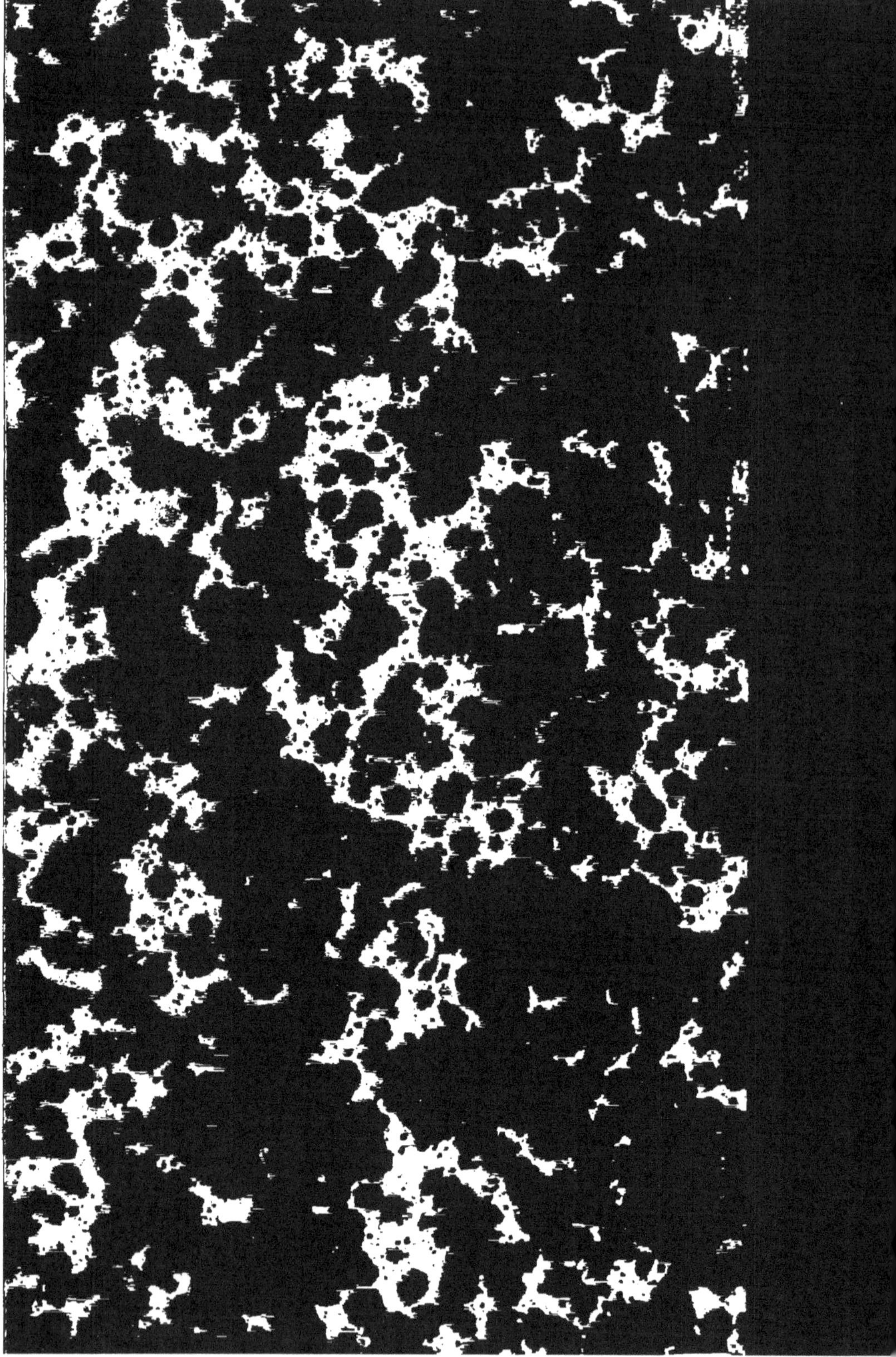

www.ingramcontent.com/pod-product-compliance
Lightning Source LLC
LaVergne TN
LVHW010309230826
846091LV00007BB/2789

* 9 7 8 2 0 1 3 2 8 4 2 9 5 *